Faculté de Droit de Paris.

THÈSE

POUR LA LICENCE.

L'Acte public sur les matières ci-après sera soutenu
le lundi 21 août 1854, à trois heures,

Par PIERRE-AUGUSTE CHAVANT, né à Cerdon (Ain).

Président : M. ORTOLAN, Professeur.

Suffragants :
- MM. PERREYVE,
- GIRAUD, } Professeurs
- DELZERS,
- DEMANGEAT, } Suppléants.

Le Candidat répondra en outre aux questions qui lui seront faite.
sur les autres matières de l'enseignement.

PARIS.

VINCHON, FILS ET SUCCESSEUR DE Mme Vve BALLARD
Imprimeur de la Faculté de Droit,
RUE J.-J. ROUSSEAU, 8.

1854.

3745

A LA MÉMOIRE DE MON PÈRE.

A MA MÈRE.

JUS ROMANUM.

DE ÆSTIMATORIA.

(D., xix, 3.)

DE RERUM PERMUTATIONE.

(D., xix, 4.)

DE PRÆSCRIPTIS VERBIS.

(D., xix, 5.)

DE ÆSTIMATORIA.

(Dig., lib. xix, tit. 3.)

Contractus æstimatorius ille est, quo res alteri æstimata circumferenda vendendaque traditur, ea lege, ut vel æstimatio, vel ipsa res incorrupta restituatur. Quamvis magnam cum quibusdam nominatis contractibus affinitatem habeat, tamen ab his in nonnullis differt. Dubitationibus tollendis, danda æstimatoria præscriptis verbis actio proposita est.

Quæ non ex vendito enim competit actio, quum, is qui rem æstimatam accepit, non præcise obligetur ad pretium solvendum, sed possit rem reddere. Non ex locato, ětsi locato, etsi merces intervenit, etenim a contractu locationis, hoc negotium exorbitat, ut liceat rem aut æstimatam reddere. Non ex conducto, quia non est certa merces constituta. Non ex mandato, quia, si is, qui rem æstimatam vendendam accepit, pluris eam vendat, ipsius lucro cědet; quod a mandato exorbitat; mandatum enim gratuitum esse debet.

In hoc contractu est negotium civile gestum et quidem bona fide; idcirco doli mali exceptio continetur, eoque omnia, quæ sunt moris et consuetudinis recipiuntur. Itaquě etiam pariter admittuntur in tali judicio, et compensatio inter partes ejus quod ultro citroque debitum est et ex mora usuræ.

DE RERUM PERMUTATIONE.

(Dig., lib. xix, tit. 4.)

Permutatio est contractus quo contrahentes sibi invicem dant certam rem pro alia ; contractus ille non consensu, sed re perficitur; unde quamvis emptioni-venditioni sit affinis, multum ab ea differt; non enim ut in emptione-venditione, solo consensu obligatio nascitur, oriturque contractus, sed tantum quum alter in alterum rei suæ dominium transtulit; et si nondum tradita re stipulatio intervenit, nulla ex tali pacto actio competit. In contractu emptionis-venditionis alius est venditor, alius est emptor; una parte merx est, altera pretium. In permutatione discerni non potest uter emptor, uter venditor sit. In utroque contractu differunt quoque præstationes; nam venditori sufficit ut rem emptori habere liceat, non etiam ut ejus fiat; ex venditione solum nascuntur obligationes, non autem dominii translatio descendit; in permutatione contra dominium rei transferendum est, ita ut nisi hoc dominium ab utraque parte transferatur, contractus non perficiatur. Unde si quis alienam rem dat, nullam contrahit permutationem, quum rem alienam venire posse nulla dubitatio sit.

Si alter dominio accepto, rem promissam praestare nolit, praescriptis verbis agere possum ut detur quanti mea interest, sive condictione, ob rem datam re non secuta, si quod dedi, recipere velim, repetere mihi licet.

Quemadmodum scilicet venditor servi, ita qui in permutatione servum promisit, sanum. solutum furtis ac noxis, non fugitivum denique servum praestare cogitur.

DE PRÆSCRIPTIS VERBIS ET IN FACTUM ACTIONIBUS.

(Dig., lib. xix, tit. 5.)

Quum natura rerum plura essent inter cives negotia quam vocabula nonnunquam evenit ut cessantibus judiciis proditis et vulgaribus, actionibus, necesse fuit prudentibus ad actiones quæ in factum appellantur descendere, quoties contractus existebant, quorum appellationes nullæ jure civili proditæ erant.

Inter quas actiones, præscriptis verbis actio distinguenda est tanquam propriam naturam habens : nam etsi sæpissime actio in factum denominetur, cum aliis in factum actionibus confundere non debemus.

Præscriptis verbis dicitur, quia tunc agitur secundum verba præscriptione præscripta, ideoque in formulæ demonstratione prætor rem gestam obligationis causam præscribit. Atque in factum etiam appellatur, quia quod certo et peculiari nomine non exprimi potest negotium, id facti, seu rei gestæ narratione demonstratur.

Contractus innominati in his quatuor competunt speciebus : aut enim do ut des, aut do ut facias, aut facio ut des, aut facio ut facias.

De contractu do ut des. — Si pecuniam dem ut rem accipiam, emptio et venditio est; sin autem rem do ut rem accipiam, hic contractus innominatus est ex quo actio civilis in factum præscriptis verbis, sicut in rerum permutatione. In qua actione id veniet, non ut, qui accepit, reddat quod acceperit, sed ut damnetur alteri quanti illius interest illud de quo convenit accipere. Et alia competit actio, qua qui rem suam tradidit, si eam recipere nolit, repetere potest, condictione, quasi ob rem datam, re non secuta.

Do ut facias. — Si pecuniam do ut facias, et tale sit factum a te promissum quod locari soleat, erit locatio, ex qua actiones locati et conducti; si rem dedi ut faceres, hoc a natura contractus locationis conductionis exorbitat; idcirco nascetur vel civilis actio præscriptis verbis, vel ad repetendam rem traditam condictio.

Si pecuniam dedi, ut aliquid faceres quod locari non possit, puta ut servum manumitteres, non erit locatio-conductio, sed contractus innominatus; ideoque civili actione incerti agendum est, id est præscriptis verbis; aut etiam condictione, si nihil mihi interest. Si rem tibi dedi pro facto promisso, quod locari non soleat, ad easdem actiones recurrendum est, quia locatio-conductio videri non potest.

Ex supra dictis observandum est in his contractibus, do ut des, do ut facias, duplicem actionem competere, aut præscriptis verbis, aut condictionem causa dota, causa non secuta.

Facio ut des. — Ad nullum contractum civilem hæc contractuum species accedit. Igitur quod si faciam ut des et posteaquam feci, cesses dare, nulla erit civilis actio, et ideo de dolo dabitur.

Facio ut facias. — Pacti sumus ut te a meo debitore Carthagine exigas, ego a tuo Romæ, mandatum dixeris quoniam neuter nostrum mutuo nomine exigere pecuniam potest sine mandato. Tutius est dare actionem præcriptis verbis.

POSITIONES.

I. Nonne aliæ sunt actiones in factum præscriptis verbis, aliæ actiones in factum conceptæ? — Aliæ sunt.

II. In contractibus qui, neque ex genere contractuum nominatorum, neque cum aliquo ex illis affinitatem præbent, utrum ulla actio datur, nisi actio de dolo? — In his causis reccurritur ad actionem subsidiariam quæ dicitur decretalis prætoria in factum.

III. Si res æstimata perit, cui periculo est ? — Distinguendum est.

IV. Dedi tibi Scyphos ut mihi Stichum dares, si mortuus est Stichus antequam eum traderes, Scyphosne repetere possum? — Possum.

V. Quid si faciam ut des et posteaquam feci, cesses dare, nulla erit civilis actio et ideo de dolo dabitur.

DROIT FRANÇAIS.

DE LA VENTE.

(Code Napoléon, livre III, tit. VI, art. 1582-1657.)

CHAPITRE Iᵉʳ.

DE LA NATURE ET DE LA FORME DE LA VENTE.

Les jurisconsultes romains définissaient la vente : le contrat par lequel l'une des parties s'oblige à livrer une chose, moyennant un prix que l'autre promet de payer.

Le vendeur était obligé de livrer la chose vendue, c'est-à-dire de procurer à l'acheteur une possession continue et perpétuelle. Il n'était pas tenu de le rendre propriétaire : *hactenus tenetur, ut rem emptori habere liceat, non etiam ut ejus fiat.*

Suivant l'art. 1582 du Code Napoléon, la vente est une convention par laquelle l'un s'oblige à livrer une chose, l'autre à la payer. Le Code reproduit la définition romaine. La vente cependant a aujourd'hui chez nous un effet nouveau. Le vendeur s'engage à rendre l'acheteur propriétaire; cela résulte de la combinaison des art. 1583 et 1599. On doit donc définir la vente : un contrat par lequel l'une des parties transfère ou s'engage à transférer la propriété d'une chose que l'autre s'oblige à payer.

La vente appartient au droit des gens et au droit naturel. Elle est un contrat synallagmatique, car le vendeur et l'acheteur s'obligent réciproquement l'un envers l'autre (art. 1101).

Elle est un contrat commutatif; car l'intention du vendeur est de recevoir, en argent, l'équivalent de ce qu'il livre en nature (art. 1104).

Ajoutons qu'elle est aussi au nombre des contrats à titre onéreux et au nombre des contrats consensuels, et qu'elle est parfaite par le seul consentement des parties, indépendamment de l'acte écrit, soit authentique, soit sous seing privé, qui doit être rédigé pour la preuve lorsque l'objet de la vente dépasse une valeur de 150 fr.

Trois éléments sont de l'essence de la vente : 1° une chose qui en fait l'objet; 2° un prix ; 3° l'accord des volontés. Quand ces trois éléments se trouvent réunis, la vente est parfaite et la propriété de la chose vendue est acquise à l'acheteur, bien que cette chose ne lui ait pas encore été livrée et qu'il n'en ait pas payé le prix. Ce nouveau principe est entièrement contraire à la loi romaine, qui, pour opérer la translation de la propriété, exigeait qu'au consentement se joignît un fait matériel, la tradition de la chose par le vendeur à l'acheteur.

La propriété est transportée à l'acheteur, non-seulement à l'égard du vendeur, mais encore à l'égard des tiers; bien que l'art. 1583 semble apporter une restriction à ce principe dans ces mots : la propriété est acquise à l'acheteur à l'égard du vendeur. La présence de ces mots doit s'expliquer historiquement. Lors de la discussion du titre de la vente, on était dans l'indécision de savoir si, pour que la propriété fût transférée à l'égard des tiers, on exigerait la transcription, comme le voulait la loi de brumaire an VII ; cette question fut réservée pour être traitée au titre des hypothèques, où elle ne reçut pas de décision définitive ; du silence de la loi on a conclu que la loi de brumaire était abrogée, et depuis la disposition de l'art. 834 du Code de procédure, on s'accorde à reconnaître que la vente est translative de propriété vis-à-vis même des tiers.

La vente peut être faite purement et simplement, ou sous une condition, soit suspensive, soit résolutoire. Elle peut aussi avoir pour objet deux ou plusieurs choses alternatives. Dans tous ces cas, son effet est réglé par les principes généraux des conventions.

Lorsque la vente est faite au compte, à la mesure ou au poids, la vente est parfaite, en ce sens que les parties ne peuvent y renoncer sans le consentement l'une de l'autre ; mais elle n'est pas parfaite, en ce sens qu'avant le comptage, le mesurage ou le pesage, la propriété n'est point transférée et la chose est aux risques du vendeur.

Quant aux choses que l'on est dans l'habitude de goûter avant l'achat, elles ne sont parfaites qu'au moment où l'acheteur les a goûtées et agréées, à moins toutefois qu'il n'y ait remise de la dégustation ou que cette remise soit supposée, les ventes faites à l'essai sont toujours présumées faites sous une condition suspensive.

La promesse de vente vaut vente, suivant l'art. 1589, quand il y a consentement des deux parties sur la chose et sur le prix ; cette promesse produit tous les effets de la vente ordinaire, de telle sorte que si la chose vient à périr, la perte est pour celui qui a accepté la promesse de vente.

Si ces promesses de ventes ont été faites avec des arrhes, chacun des contractants est libre de s'en départir, celui qui les a données en les perdant, celui qui les a reçues en les rendant au double; dans ce cas, les arrhes sont présumées données comme dédit.

Pour déterminer la nature des arrhes dans certaines ventes, il faut, selon nous, rechercher l'intention des parties, que les juges apprécieront d'après les conventions, les circonstances et les usages.

Le prix, un des éléments essentiels de la vente, doit consister en argent; il doit être sérieux, non fictif, déterminé par les parties, ou au moins déterminable d'après une clause du contrat et indépendamment de leur volonté.

CHAPITRE II.

QUI PEUT ACHETER OU VENDRE.

La capacité des contractants est aussi nécessaire, sinon comme condition essentielle du contrat de vente, du moins pour sa validité.

Toute personne capable de s'obliger, peut acheter ou vendre, si la loi ne le lui interdit pas; la capacité est donc la règle, et l'incapacité l'exception. Il ne rentre pas dans notre sujet d'exposer les incapacités générales de contracter, qui sont évidemment applicables au contrat de vente; nous n'avons à nous occuper que des incapacités particulières à la matière qui nous occupe.

La loi prohibe la vente entre époux; cette prohibition est fondée sur la crainte que les époux, sous l'apparence d'une vente, ne se fissent des libéralités excédant la quotité disponible, et empreintes d'un caractère d'irrévocabilité que la loi leur refuse et qu'ils ne fraudassent leurs créanciers en faisant passer la fortune de l'époux qui a des dettes dans le patrimoine de celui qui n'en a pas.

Le Code a admis toutefois trois exceptions au principe que la vente est nulle entre époux.

La vente entre époux est valable :

1° Lorsque l'un des époux cède des biens à l'autre séparé judiciairement d'avec lui, en payement de ses droits;

2° Lorsque la cession que le mari fait à sa femme, même non séparée, a une cause légitime, telle que le remploi de ses immeubles aliénés, ou de deniers à elle appartenant, si ces immeubles ou deniers ne tombent pas dans la communauté;

3° Lorsque la femme cède des biens à son mari en payement d'une somme qu'elle lui aurait promise en dot, et lorsqu'il y a exclusion de communauté, encore la loi a-t-elle réservé, aux héritiers de l'époux, le droit d'attaquer la vente, si elle renferme un avantage indirect au profit de l'autre époux.

Une seconde prohibition est relative aux personnes chargées de vendre des biens et d'en faciliter la vente au plus haut prix possible : le législateur déclare incapables de se rendre adjudicataires sous peine de nullité, ni par eux-mêmes ni par personnes interposées, les tuteurs des biens de ceux dont ils ont la tutelle, — les mandataires, des biens qu'ils sont chargés de vendre, — les administrateurs, de ceux des communes ou des établissements publics confiés à leurs soins; — les officiers publics, des biens nationaux dont les ventes se font par leurs ministères.

Enfin les juges, leurs suppléants, les magistrats remplissant le ministère public, les greffiers, huissiers, avoués, avocats et notaires ne peuvent devenir cessionnaires des procès, droits et actions litigieux qui sont de la compétence du tribunal dans le ressort duquel ils exercent leurs fonctions, à peine de nullité, et des dépens, dommages et intérêts.

La loi devait évidemment prohiber de pareilles cessions qui eussent donné aux magistrats des intérêts contraires à ceux de

leurs justiciables, et par conséquent contraires à leur mission et
à la dignité de leur caractère.

CHAPITRE III.

DES CHOSES QUI PEUVENT ÊTRE VENDUES.

Tout ce qui est dans le commerce peut être vendu. On peut
même vendre une chose future, une espérance.

On ne peut vendre une succession future. Le législateur re-
garde cette vente comme immorale et pouvant porter atteinte à
l'ordre public.

L'art. 1599 déclare nulle la vente de la chose d'autrui. En
droit romain cette vente était valable, parce qu'elle n'était pas
considérée comme un acte d'aliénation, mais comme un contrat
purement productif d'obligations; chez nous, au contraire, le
vendeur doit rendre l'acheteur propriétaire, le transport de la
propriété étant regardé comme l'équivalent du prix; la vente
de la chose d'autrui est donc nulle comme manquant de cause.

Du principe posé plus haut, qu'il ne peut exister de vente
sans un objet, il résulte que, si au moment de la vente la chose
vendue était périe en totalité, la vente serait nulle. L'acheteur
a trente ans pour répéter son prix, mais si une partie seulement de la chose est périe, il est au choix de l'acquérenr d'a-
bandonner la vente, ou de demander la partie conservée, en
faisant déterminer le prix par la ventilation.

Loi du 25 juin 1841, sur la vente des marchandises neuves.

La loi du 25 juin, 1er juillet 1841, interdit les ventes en détail
des marchandises neuves, à cri public, soit aux enchères, soit

au rabais, soit à prix fixe, proclamé avec ou sans l'assistance des officiers ministériels.

Cette loi a pour but de remédier aux abus qu'entraînent les ventes à l'encan; elles sont un moyen facile pour celui qui est sur le point de faillir de soustraire à ses créanciers leur gage; elles créent ensuite une concurrence ruineuse pour ceux qui restent dans les limites d'un commerce honnête et régulier.

Elle excepte de sa prohibition certaines ventes, telles que celles faites par autorité de justice, après décès, faillites ou cessation de commerce, de même que celles dont l'objet est une chose de peu de valeur.

La sanction de cette loi consiste dans la confiscation des marchandises, et dans une amende de 50 à 3,000 fr. prononcée tant contre le vendeur que contre l'officier public qui l'aura assisté.

CHAPITRE IV.

DES OBLIGATIONS DU VENDEUR.

Quoique débattues entre les parties, les conditions de la vente sont presque toujours faites par le vendeur; aussi la loi lui impose-t-elle l'obligation de l'expliquer en termes clairs et précis. S'il est en faute, la loi interprète contre lui tout pacte obscur ou ambigu.

Le vendeur a deux obligations principales : celle de délivrer et celle de garantir la chose qu'il vend.

DE LA DÉLIVRANCE.

Le Code la définit : le transport de la chose vendue en la puissance et possession de l'acheteur. Délivrer, c'est mettre l'acheteur à même de faire les actes d'un propriétaire, en lui procurant les moyens qu'on avait de se servir de la chose et d'en disposer.

Le mode de délivrance varie suivant la nature de la chose vendue. A l'égard des immeubles, la délivrance est remplie de la part du vendeur lorsqu'il a remis les clefs, s'il s'agit d'un bâtiment, ou lorsqu'il a remis les titres de propriété.

A l'égard des effets immobiliers, la délivrance s'opère de trois manières : ou par la tradition réelle, ou par la remise des clefs des bâtiments qui les contiennent, ou par le seul consentement, ce qui peut avoir lieu dans deux cas : 1° lorsque le transport ne peut s'en faire au moment de la vente; 2° lorsque la chose se trouve déjà, au moment de la vente, en la possession de l'acheteur. Quant aux droits incorporels, la tradition s'en fait par la remise des titres, ou par l'usage que l'acquéreur fait du droit cédé du consentement du vendeur.

Les frais de la délivrance sont à la charge du vendeur, et ceux d'enlèvement à la charge de l'acheteur, à moins de stipulation contraire.

La délivrance doit se faire au lieu déterminé par les parties, et, si elles n'ont rien dit à cet égard, au lieu où la chose vendue se trouvait au moment de la vente.

Le vendeur doit délivrer dans le temps convenu, sinon l'acheteur a le droit de demander soit la résolution de la vente, soit sa mise en possession, et, dans les deux cas, il peut obtenir des dommages-intérêts. Il faut toutefois que le retard soit occasionné par le fait ou la faute des vendeurs : car s'il n'était dû qu'à une force majeure, l'acheteur ne pourrait que demander la délivrance.

Lorsque la vente est faite sans terme, le vendeur est autorisé à refuser la délivrance à l'acheteur qui la réclame sans offrir de payer son prix. Le vendeur retient la chose vendue jusqu'au payement. Le vendeur conserve son droit de rétention, quoiqu'il ait accordé un délai pour le payement, lorsque, depuis la vente, il est exposé, par suite du mauvais état des affaires de l'acheteur, à perdre le prix. Dans tous les cas, l'offre d'une caution, faisant cesser tout danger, suffit pour conserver à l'acheteur le bénéfice du terme.

Le vendeur doit délivrer la chose vendue dans l'état où elle se trouve au moment de la vente, avec ses accessoires et tout ce qui est destiné à son usage perpétuel.

Il doit délivrer la contenance indiquée au contrat sous les modifications ci-après exprimées. Si dans une vente d'immeubles faite avec indication de la contenance à tant la mesure, le mesurage constate une contenance moindre ou plus grande que celle déclarée, le vendeur sera tenu, au premier cas, de délivrer la contenance promise, et, si cela ne lui est pas possible, de subir une diminution de prix ; au second cas, l'acheteur devra payer l'excédant de contenance ; mais il a droit de demander la résiliation du marché, si l'excédant est de plus d'un vingtième.

Si un ou plusieurs immeubles ont été vendus pour un prix en bloc, et que le mesurage constate une différence, il n'y aura lieu à augmentation ou diminution de prix, que si l'excès ou le déficit dans la contenance est égal à un vingtième du prix convenu. L'acheteur peut encore se désister du contrat, si l'excédant de contenance augmente de plus d'un vingtième le prix convenu.

L'acheteur qui use de la faculté de se désister du contrat, a droit d'exiger, outre la restitution du prix, celle des frais du contrat. Afin que les propriétés restent le moins longtemps possible dans l'incertitude, l'action en supplément du prix de la part du vendeur, et celle en diminution de prix ou en résolution du contrat de la part de l'acheteur, doivent être intentées dans l'année, à compter du jour du contrat, à peine de dé-. chéance.

DE LA GARANTIE.

La garantie que le vendeur doit à l'acheteur, a deux objets : le premier est la possession paisible de la chose vendue, c'est la garantie en cas d'éviction; le second, les défauts cachés de cette chose ou les vices rédhibitoires.

DE LA GARANTIE EN CAS D'ÉVICTION.

La garantie est de la nature du contrat de vente, mais elle n'est pas de son essence, c'est-à-dire qu'elle peut être modifiée ou même supprimée par les parties. Il existe cependant une garantie qui est de l'essence même du contrat de vente, et qui existe indépendamment de la convention des parties, et nonobstant toutes stipulations contraires, c'est celle relative aux évictions qui proviennent d'un fait personnel au vendeur.

La clause portant que la vente est faite sans garantie, affranchit le vendeur de l'obligation de payer à l'acheteur évincé des dommages-intérêts, sans l'autoriser à conserver le prix, à moins que l'acquéreur évincé n ait connu, lors de la vente, le danger de l'éviction, ou qu'il n'ait acheté à ses risques et périls.

L'acquéreur évincé a droit de demander au vendeur : 1° la restitution du prix ; 2° celle des fruits lorsqu'il est obligé de les rendre au propriétaire qui l'évince; 3° les frais faits sur la demande en garantie et sur la demande originaire ; 4° enfin les dommages et intérêts, ainsi que les frais et loyaux coûts du contrat.

Le vendeur doit restituer la totalité du prix, bien que la chose se trouve diminuée de valeur ou considérablement détériorée, même par le fait de l'acquéreur, sauf le cas où celui-ci a profité des détériorations. Si elle a augmentée de valeur, il doit payer cette augmentation. Il doit rembourser à l'acquéreur les dépenses nécessaires, et les améliorations utiles, et même, en cas de mauvaise foi, les dépenses voluptuaires et d'agrément.

Dans le cas d'éviction partielle, si la portion dont l'acqué-reur a été évincé, est de telle importance relativement au tout, que sans cette partie, il n'eût point acheté, il peut faire résilier le contrat; dans le cas contraire, il aura droit à une indemnité proportionnelle à la valeur de la chose lors de l'éviction.

La garantie, pour cause d'éviction, cesse lorsque l'acquéreur s'est laissé condamner par un jugement rendu en dernier res-sort, ou dont on ne peut plus appeler, sans que le vendeur n'ait été mis en cause; si celui-ci prouve qu'il existait des moyens suffisants pour faire rejeter la demande.

PROCÉDURE RELATIVE A LA GARANTIE.

L'action en garantie, ouverte à l'acheteur, peut s'exercer par voie principale et par voie incidente. Ce dernier mode est pré-férable pour l'acheteur, qui prévient ainsi les lenteurs et les frais d'un double procès et la contrariété possible des jugements. La demande principale sera poursuivie comme toute autre demande; la demande incidente crée une exception dilatoire; elle doit être présentée avant toute défense au fond. Le délai pour appeler en garantie est de huit jours à partir de la demande originaire, plus un jour par trois myriamètres entre le domi-cile du garanti et celui du garant; on applique à chaque sous-garant, s'il y en a, le délai de huitaine et celui des distances. La demande en garantie formée, on en prévient le demandeur originaire par acte d'avoué à avoué. La demande en garantie est portée devant le tribunal saisi de la demande principale; le

vendeur, quoique non appelé en garantie, peut toujours inter-
venir dans la cause pour défendre l'acheteur. Le jugement
rendu contre le vendeur garant est exécutoire contre l'acheteur,
après une simple signification à celui-ci.

DE LA GARANTIE DES DÉFAUTS DE LA CHOSE VENDUE.

Le vendeur est garant envers son acheteur des vices cachés
de la chose vendue, qui la rendent impropre à l'usage auquel
on la destine, ou qui diminue tellement cet usage, que l'acheteur ne l'aurait pas acquise, ou n'en aurait donné qu'un moindre prix, s'il les avait connus.

Il est garant des vices d'un immeuble aussi bien que des
vices d'un meuble. L'acheteur n'aurait pas droit à la garantie,
si, lors de la vente, il avait pu se convaincre par lui-même des
vices apparents, ou si le vendeur, de bonne foi, avait stipulé la
non'garantie.

L'acheteur qui a droit à garantie a deux actions : 1° l'action
rédhibitoire, par laquelle il peut obtenir la résolution du con-
contrat ; 2° l'action *quanti minoris*, par laquelle il se fait rendre
une partie du prix arbitrée par experts. L'une ou l'autre action
doit être intentée suivant l'usage du lieu où la vente a été faite.
La garantie des vices rédhibitoires n'a pas lieu dans les ventes
faites par autorité de justice.

Loi du 20 mai 1838.

La loi du 20 mai 1838 a enlevé aux tribunaux l'appréciation
du plus ou moins d'importance des vices cachés dans la vente de
certains animaux, en énumérant les vices qui seraient rédhibitoires, et qui, seuls, donneraient ouverture à l'action en résolution du contrat. L'art. 2, fondé, sans doute, sur les difficultés

d'estimer un animal vicieux, a formellement interdit la demande en réduction.

Cette loi a en outre fixé à 30 ou à 9 jours, suivant les cas, le délai de l'action en résolution, pour lequel le Code renvoyait à l'usage des lieux, et elle dispense cette action, en la soumettant à la procédure sommaire, du préliminaire de conciliation.

Toutes les ventes qui ne rentrent pas dans l'énumération de la loi de 1838, restent, d'ailleurs, sous l'empire des principes généraux du contrat de vente, et peuvent donner lieu, pour vices non apparents de la chose, soit à l'action rédhibitoire, soit à l'action *quanti minoris*, au choix de l'acheteur, qui peut conclure en outre à des dommages-intérêts.

CHAPITRE V.

DES OBLIGATIONS DE L'ACHETEUR.

La principale obligation de l'acheteur, aux termes de l'art. 1650, est de payer le prix aux jour et lieu réglés par les parties dans le contrat, et à défaut de clause spéciale à ce sujet, au lieu et au moment de la délivrance. Les intérêts courent au profit du vendeur jusqu'au payement du capital dans trois cas : 1° lorsque l'acheteur l'a promis; 2° même sans stipulation, lorsque la chose est frugifère ; 3° si elle n'est pas frugifère, lorsqu'il a été sommé de payer.

De même que le vendeur n'est pas obligé de livrer la chose à l'acheteur lorsqu'il a juste sujet de le croire insolvable, de même l'acheteur peut suspendre le payement de son prix, s'il est troublé ou a juste sujet de craindre de l'être par une action, soit hypothécaire, soit en revendication, à moins que le vendeur ne lui offre caution solvable, ou qu'il n'ait été stipulé que, malgré le trouble, l'acheteur payerait.

Lorsque l'acheteur refuse de payer son prix, le vendeur a le choix entre deux partis : 1° il peut maintenir le contrat et poursuivre le payement du prix ; 2° demander la résolution de la vente et reprendre la chose vendue, avec dommages et intérêts s'il y a lieu.

S'il s'agit de denrées et d'effets mobiliers, l'art. 1567 décide que la vente sera résolue de plein droit, et sans sommation, après l'expiration du terme convenu pour le retirement.

Quant aux immeubles, la résolution n'a jamais lieu de plein droit. Si la condition résolutoire est tacite, le tribunal peut accorder un délai, à moins que le vendeur ne soit en danger de perdre la chose et le prix, et, ce délai expiré, la résolution doit être prononcée ; si elle est expresse, l'acheteur peut, néanmoins, payer après l'expiration du délai, tant qu'il n'a pas été mis en demeure par une sommation ; mais après sommation, le juge ne peut pas lui accorder de délai ; tel est le seul effet de l'insertion dans le contrat du pacte commissoire.

TITRE VII.

DE L'ÉCHANGE.

L'échange est un contrat par lequel les parties se donnent ou s'engagent à se donner une chose pour une autre. L'échange, comme la vente, est un contrat consensuel.

L'échange a la plus grande affinité avec la vente ; aussi la loi nous dit-elle, que toutes les règles applicables à la vente, régissent aussi l'échange. Les points de différence sont fort peu nombreux. Nous citerons ceux qui suivent : 1° l'échange n'est pas rescindable pour lésion ; 2° l'art. 1602, qui veut que tout pacte obscur s'interprète contre le vendeur, n'est pas applicable à l'échange, car, dans ce contrat, le rôle de vendeur est joué par chacune des parties ; les pactes obscurs s'interpréteront donc contre celle des parties qui stipule dans ces clauses ; 3° l'obligation de garantie y est réciproque ; 4° les frais et loyaux coûts du contrat sont supportés en commun, tandis que dans la vente ils sont à la charge de l'acheteur.

QUESTIONS.

I. La dation d'une chose en payement d'une dette d'argent a-t-elle tous les effets d'une vente ? — Non.

II. Une vente ou dation en payement qui a eu lieu en dehors des cas prévus par l'art. 1595, doit-elle être déclarée nulle dans tous les cas ? — Oui.

III. La vente transporte-t-elle la propriété, *solo consensu*, seulement entre les parties ? — Non, l'acheteur devient propriétaire *erga omnes*.

IV. Dans la vente des choses qu'on est dans l'usage de goûter avant d'en faire l'achat, la vente existe-t-elle, les parties sont-elles obligées, avant que l'acheteur ait goûté et agréé la chose vendue ? — Non.

V. Le vendeur de bonne foi de la chose d'autrui peut-il demander la nullité de la vente ? — Non.

VI. Un second acheteur peut-il exercer son action en garantie, *omisso medio*, contre le vendeur primitif ? — Oui.

VII. Le copermutant évincé de la chose qu'il a reçue en échange, a-t-il action contre les tiers auxquels l'autre copermutant aurait transmis l'immeuble qui lui avait été donné en contre-échange ? — Oui.

Vu par le Président de la Thèse,
ORTOLAN.

Vu par le Doyen,
A. PELLAT.

www.ingramcontent.com/pod-product-compliance
Lightning Source LLC
Chambersburg PA
CBHW070151200326
41520CB00018B/5368